Desvendando a Síndrome do Pequeno Poder

A Face Oculta da Manipulação

Maceió - Brasil

2023

JEAN-CHARLES WATELET

Desvendando a Síndrome do Pequeno Poder

A Face Oculta da Manipulação

Maceió - Brasil
2023

Desvendando a Síndrome do Pequeno Poder

A Face Oculta da Manipulação

Jean-Charles Watelet

Capa: Jean-Charles Watelet

ISBN: 9798871831892

SUMARIO

CAPÍTULO 1: As Raízes Obscuras da Síndrome do Pequeno Poder

CAPÍTULO 2: O Impacto Invisível: Consequências Psicológicas

CAPÍTULO 6: A Busca pela Conscientização e Soluções

PREFÁCIO:

A Face Oculta da Síndrome do Pequeno Poder

Neste livro, o leitor encontrará uma análise profunda e reveladora de uma patologia silenciosa e devastadora: a Síndrome do Pequeno Poder, também conhecida como narcisismo patológico. Esta obra não é apenas uma reflexão teórica, mas o fruto de uma vivência intensa, na qual experimentei essa síndrome tanto como agressor quanto como vítima. A partir dessa perspectiva única, adquiri uma compreensão íntima dos seus mecanismos, das armadilhas emocionais envolvidas e do seu impacto avassalador na vida das pessoas.

O perigo real dessa síndrome reside em sua capacidade de se disfarçar sob uma máscara encantadora, como um lobo em pele de cordeiro. Essas pessoas são vistas como cuidadosas e carismáticas, frequentemente admiradas pela comunidade. Quando a verdade finalmente vem à tona, a reação comum é: "Jamais imaginaríamos que uma pessoa tão gentil pudesse cometer algo tão monstruoso."

Essa capacidade de simular sentimentos genuínos e criar personagens impecáveis para exibir o que os outros desejam ver e ouvir torna o narcisista não apenas socialmente aceito, mas muitas vezes admirado. Isso, na verdade, é um sinal de perigo iminente.

Por trás dessa fachada sedutora, não há empatia genuína. Esses indivíduos são incapazes de sentir emoções profundas e manipulam e enganam de forma calculada, deixando suas vítimas emocionalmente devastadas.

A grande diferença entre essa síndrome e outras patologias, como psicopatia ou sociopatia, reside na sofisticação da tortura emocional e na capacidade de infligir dano sem contato físico direto.

O impacto dessa síndrome vai além do sofrimento individual. Ela pode infiltrar-se em sistemas sociais, como religiões, empresas e movimentos políticos, usando ideologias e normas para perpetuar o abuso emocional e psicológico. Por isso, a Síndrome do Pequeno Poder representa uma ameaça real à integridade humana, afetando tanto a liberdade quanto a dignidade das pessoas.

Prepare-se para uma jornada reveladora. Este livro não apenas analisa os mecanismos dessa síndrome, mas oferece ferramentas práticas para identificar os sinais, evitar armadilhas emocionais e libertar-se das correntes invisíveis dessa manipulação.

AGRADECIMENTOS

Agradeço à vida pelas lições, mesmo as mais dolorosas, pois foi por meio delas que encontrei forças para enxergar a verdade e transformar sofrimento em sabedoria. Agradeço também ao meu corpo e à minha mente, que suportaram pressões inimagináveis, incluindo momentos em que a tortura emocional quase levou à morte. Foi graças à resiliência física e mental que escapei de um infarto e de um derrame iminente.

Agradeço, sobretudo, à força invisível do espírito humano, que nos permite enfrentar as piores adversidades e encontrar luz onde parece haver apenas escuridão. Que este livro inspire outros a reconhecer, resistir e se libertar de dinâmicas opressoras.

INTRODUÇÃO:

Desvendando a Manipulação e Protegendo-se

Este livro oferece ao leitor uma visão clara e profunda sobre as dinâmicas ocultas da Síndrome do Pequeno Poder. Por meio de experiências pessoais e análises detalhadas, explorei como essas pessoas manipulam, dominam e destroem a vida de suas vítimas. Além disso, você encontrará ferramentas para compreender as ações subjacentes desses indivíduos e as consequências devastadoras de se tornar uma vítima.

Casos reais, como o da minha mãe, ilustram o poder destrutivo dessa síndrome. Ela foi isolada, manipulada e torturada emocionalmente durante décadas, até que encontrou no suicídio sua única forma de libertação. As ações do parceiro dela eram calculadas: desde a insistência para que ela parasse de trabalhar até a manipulação emocional em pequenos detalhes — como abrir a porta para que seu cachorro fugisse e fosse atacado por cães. Depois, ele a fez acreditar que a culpa era dela, agravando ainda mais sua dor emocional.

Além disso, minha própria experiência revela a gravidade da síndrome. Certa manhã, acordei com o coração disparado a 160 batimentos por minuto, consequência direta de um ataque emocional que quase provocou um infarto.

A pressão arterial elevada poderia ter causado um derrame. Felizmente, minha condição física direcionou a pressão para o corpo, estabilizando o fluxo sanguíneo no cérebro.

Este livro não apenas revela as nuances dessa síndrome, mas também alerta sobre os perigos da sua disseminação em sistemas sociais e nas estruturas de poder. A manipulação é frequentemente sutil, porém devastadora, e entender como ela opera é essencial para se proteger. Ideologias construídas ao redor de uma figura de autoridade podem se tornar veículos de manipulação, contaminando comunidades inteiras.

Cada capítulo é um convite para explorar a origem dessa síndrome e encontrar meios de enfrentar e superar as relações tóxicas.

CAPÍTULO 1

As Raízes Obscuras da
Síndrome do Pequeno Poder

Após três décadas de pesquisa no campo do comportamento humano, deparei-me, pela segunda vez, com um caso singular: uma pessoa cujo comportamento era ao mesmo tempo perverso e complexo. Essa investigação revelou um insight fundamental sobre o comportamento humano: a intenção genuína é o fator mais determinante na ação de um indivíduo. Com essa nova compreensão, voltei à minha própria história em busca de padrões semelhantes. Não precisei ir muito longe, pois recentemente fui vítima de uma forma sofisticada de manipulação psicológica. Este livro nasce dessas experiências e da necessidade profunda de compartilhar os perigos ocultos de dinâmicas silenciosas ainda invisíveis para muitos.

A Síndrome do Pequeno Poder: A Face Oculta do Abuso

A Síndrome do Pequeno Poder é um fenômeno fascinante e devastador que ocorre quando alguém com uma pequena quantidade de autoridade a exerce de forma agressiva ou cruel.

Ela pode se manifestar em diversos contextos da vida: no ambiente de trabalho, na família, na universidade ou em interações sociais casuais. O que torna esse comportamento especialmente perigoso é sua capacidade de se esconder sob uma aparência de normalidade e empatia, enganando facilmente as pessoas ao redor.

A característica mais alarmante é a habilidade do agressor em criar personagens impecáveis, comportando-se como amigos, líderes ou parceiros ideais. Contudo, por trás dessa fachada encantadora não há empatia genuína. O que existe é uma manipulação calculada que, pouco a pouco, desestabiliza e controla a vítima.

Exemplos Práticos de Manipulação Sutil:

- **Gaslighting:** Um agressor pode perguntar de forma aparentemente inocente: "Quem falou isso?", logo após ouvir uma informação corriqueira. A intenção é desestabilizar a vítima, levando-a a questionar sua própria percepção. Com o tempo, a vítima passa a duvidar de tudo o que diz ou pensa.

- **Dano Disfarçado:** Imagine um "amigo" que se oferece para montar cadeiras novas para você, mas, no processo, deliberadamente arranha as cadeiras ao esfregá-las no chão. Ele age como se fosse um acidente, mas sua intenção real é causar dano de forma disfarçada, minando sua confiança e aumentando sua frustração.

A Metáfora do Sapo Fervido: Como o Abuso se Instaura aos Poucos

A metáfora do sapo fervido é uma analogia poderosa que mostra como mudanças graduais podem conduzir a situações destrutivas sem que a vítima perceba a tempo. Se um sapo for colocado diretamente em água fervente, ele tentará pular imediatamente. No entanto, se a água for aquecida lentamente, o sapo não notará o aumento da temperatura até ser tarde demais.

Nos relacionamentos abusivos, o processo é semelhante. O agressor começa com pequenas demonstrações de controle e avança gradualmente, introduzindo mudanças que parecem inofensivas. Com o tempo, essas pequenas alterações se acumulam, e a vítima se vê presa em um ciclo de abuso emocional ou físico.

O Ciclo Gradual de Abuso nos Relacionamentos

1. **Início Sutil:** O relacionamento pode começar com demonstrações leves de controle ou ciúmes, interpretadas como sinais de afeto ou cuidado.

2. **Racionalização:** A vítima justifica o comportamento do agressor, minimizando os sinais de abuso e acreditando que ele(a) vai mudar.

3. **Isolamento Gradual:** A vítima é afastada de amigos e familiares, tornando-se emocionalmente dependente do agressor.

4. **Normalização:** Com o tempo, o que antes parecia inaceitável se torna a nova normalidade, e a vítima perde a percepção do que é saudável ou não.

5. **Medo e Dependência:** A vítima teme romper o relacionamento por medo de retaliações ou dificuldades financeiras, acreditando que não merece algo melhor.

A Síndrome do Pequeno Poder e o Ciclo de Manipulação Insidiosa

A metáfora do sapo fervido oferece uma analogia perfeita para entender como a Síndrome do Pequeno Poder se manifesta ao longo do tempo. Assim como o sapo não percebe o aumento gradual da temperatura, a vítima não percebe a manipulação avançando aos poucos. O agressor mina sua resistência gradualmente, tornando-a cada vez mais submissa.

Manipulação de Grupo e de Massa: O Escopo Coletivo do Abuso

A manipulação não se limita a relacionamentos individuais. Ela também ocorre em escalas maiores, como grupos sociais, empresas, religiões e sistemas políticos. Mudanças normativas e ideológicas são introduzidas lentamente, normalizando abusos e opressões.

O agressor — seja um indivíduo ou uma instituição — exerce poder de forma invisível, garantindo que não haja oposição e mantendo suas vítimas presas em sistemas de controle.

Alerta ao Leitor: O Cuidado é Essencial

Se, durante a leitura deste livro, você identificar qualquer comportamento descrito aqui, isso é motivo suficiente para tomar cuidado. A situação pode ser mais grave do que parece. Buscar ajuda especializada é fundamental, pois a manipulação pode começar de forma sutil, mas suas consequências são devastadoras.

Conclusão: Vigilância e Consciência Como Armas Contra a Manipulação

A vigilância constante e a consciência crítica são as melhores ferramentas para identificar e combater essas formas de abuso. A liberdade começa com a conscientização. Este livro é um guia para reconhecer, resistir e superar essas dinâmicas destrutivas.

O conhecimento é a nossa melhor defesa. Ao compreender a dinâmica da Síndrome do Pequeno Poder e a metáfora do Sapo Fervido, podemos romper ciclos de abuso, tanto na vida pessoal quanto na sociedade. O perigo pode estar mais próximo do que você imagina.

Reflexão Final: A Periculosidade Invisível da Síndrome do Pequeno Poder

O que torna essa síndrome tão perigosa é sua capacidade de parecer inofensiva e até admirável. Indivíduos que exercem essa forma de abuso costumam ser vistos como pessoas carismáticas, generosas e cuidadosas. "Jamais imaginaríamos que essa pessoa tão gentil pudesse fazer algo assim", é uma frase frequentemente ouvida quando a verdade é revelada.

Por não sentirem emoções genuínas, esses indivíduos criam personagens perfeitos que dizem e fazem exatamente o que as pessoas ao seu redor esperam. Esse disfarce dificulta a identificação e a interrupção do ciclo de abuso.

Este livro é um alerta para todos: reconhecer os sinais é o primeiro passo para interromper esse ciclo e proteger a si mesmo e aos outros.

Resumo do Capítulo 1: As Raízes Obscuras da Síndrome do Pequeno Poder

Neste capítulo, exploramos como pequenos graus de autoridade podem ser transformados em instrumentos de manipulação e abuso. A Síndrome do Pequeno Poder se destaca por sua capacidade de se disfarçar sob uma aparência de normalidade e carisma, com o agressor criando personagens perfeitos para agradar e controlar as pessoas ao seu redor.

Através de exemplos práticos de gaslighting e comportamentos dissimulados, mostramos como a manipulação se instala de maneira gradual e imperceptível, prendendo a vítima em um ciclo de submissão emocional.

Além de afetar indivíduos, exploramos a escalada desse abuso para contextos coletivos, como empresas e sistemas políticos, onde pequenos ajustes em normas e ideologias normalizam a opressão. A manipulação emocional pode ser exercida tanto por indivíduos quanto por instituições, ampliando seu impacto.

Conclusão: Este capítulo alerta para o perigo silencioso e insidioso da Síndrome do Pequeno Poder. Qualquer comportamento descrito, por menor que pareça, pode ser um sinal de perigo iminente. Identificar essas ações é o primeiro passo para romper o ciclo de abuso e reconstruir a liberdade e identidade da vítima.

CAPÍTULO 2

O Impacto Invisível:
Consequências Psicológicas

A Síndrome do Pequeno Poder e a Injustiça Infligida: Um Relato Pessoal

Enquanto escrevia o livro *Adolf*, uma pergunta recorrente emergia em conversas informais: o que mais eu poderia descobrir sobre a Síndrome do Pequeno Poder? Infelizmente, o destino reservava uma experiência devastadora para me confrontar diretamente com essa questão.

Ataques Repetidos: O Início da Agonia

Cada vez que eu participava de encontros, notei um padrão perturbador: sofria ataques sistemáticos de alguém já identificado como portador da Síndrome do Pequeno Poder. Dessa vez, no entanto, os ataques eram diferentes — mais intensos e frequentes. Mesmo sem entender completamente o que estava acontecendo, o impacto psicológico era inegável.

O Desconhecido Ataque Psicológico: Um Caminho para a Injustiça

Embora eu soubesse que estava sendo atacado, não compreendia a estratégia completa. Com o passar do tempo, tornou-se evidente que havia um plano maior em andamento — e eu era o alvo central. Isso coincidiu com um evento importante: uma promoção para um nível superior.

Consequências da Injustiça Infligida

Sentir-se aprisionado em uma situação de injustiça pode causar sérios danos à saúde mental. Abaixo estão as consequências psicológicas mais comuns:

1. **Estresse e Ansiedade:** A sensação de injustiça pode desencadear estresse elevado, com sintomas como insônia, palpitações e irritabilidade.

2. **Depressão:** A impotência diante da injustiça pode levar à desesperança e tristeza profunda.

3. **Raiva e Hostilidade:** A vítima pode desenvolver intensa raiva em relação aos responsáveis pela injustiça.

4. **Isolamento Social:** Para se proteger, a pessoa pode se afastar de interações sociais.

5. **Perda de Autoestima:** A vítima pode começar a duvidar de suas capacidades.

6. **Problemas de Saúde:** O estresse crônico pode impactar a saúde física.

7. **Pensamentos Obsessivos:** A injustiça pode consumir a mente da vítima, prejudicando seu foco.

8. **Autoquestionamento:** A vítima se pergunta constantemente o que poderia ter feito diferente.

9. **TEPT:** Em casos mais graves, a pessoa pode desenvolver Transtorno de Estresse Pós-Traumático.

Cada um desses sintomas pode variar de pessoa para pessoa, mas o apoio psicológico é essencial para a recuperação. Terapia e suporte emocional são ferramentas indispensáveis no processo de cura.

As Complexas Consequências da Rejeição para Pessoas com TDAH e Trauma de Rejeição

Ser vítima da Síndrome do Pequeno Poder é especialmente devastador para pessoas com vulnerabilidades pré-existentes, como traumas de rejeição. No meu caso, compartilhei com o agressor que sofri abandono na infância — um trauma que ele passou a usar contra mim de forma calculada.

Ciclo Destrutivo: Trauma de Rejeição e Síndrome do Pequeno Poder

Quando alguém com trauma de rejeição é submetido a ataques contínuos, as consequências emocionais podem ser devastadoras:

1. **Agravamento do Trauma:** O abuso intensifica o medo de rejeição.

2. **Baixa Autoestima:** A vítima começa a acreditar que não é digna de amor e aceitação.

3. **Ansiedade e Depressão:** O ciclo de abuso agrava significativamente esses transtornos.

4. **Isolamento Social:** A vítima evita interações por medo de mais abusos.

5. **Sensação de Impotência:** O abuso constante mina a autoconfiança.

6. **Culpa Injustificada:** A vítima se culpa erroneamente pelo abuso.

7. **Padrões de Relacionamento Abusivos:** A vítima pode inconscientemente buscar novos relacionamentos abusivos.

8. **Estratégias de Sobrevivência Negativas:** Como evitar conflitos ou adotar isolamento emocional.

9. **Perda da Identidade:** A necessidade de evitar abusos leva à supressão da autenticidade.

10. **TEPT:** Em casos graves, surgem sintomas de flashbacks, pesadelos e hipervigilância.

Cada impacto pode variar de pessoa para pessoa, mas a intervenção profissional é crucial para ajudar a vítima a reconstruir sua autoestima e desenvolver estratégias saudáveis de enfrentamento.

A Importância da Terapia e do Apoio na Superação

É essencial que as vítimas tenham acesso a apoio profissional para lidar com o trauma e reconstruir sua identidade. A terapia é uma ferramenta indispensável para romper ciclos de abuso e recuperar a saúde emocional.

Conclusão: O Caminho para a Superação e a Consciência Crítica

Identificar e compreender a dinâmica da Síndrome do Pequeno Poder é o primeiro passo para romper o ciclo de manipulação. Essa síndrome afeta não apenas indivíduos, mas também comunidades e sistemas sociais. A vigilância constante e o apoio profissional são essenciais para enfrentar essa forma insidiosa de abuso.

Se você identificar comportamentos semelhantes em sua vida, isso é um sinal de alerta. A manipulação pode ser sutil no início, mas suas consequências são devastadoras. Não ignore esses sinais — busque ajuda imediatamente e liberte-se de dinâmicas tóxicas.

Reflexão Final

O conhecimento é a melhor defesa contra a manipulação emocional. Compreender o impacto invisível da Síndrome do Pequeno Poder é essencial para se proteger e ajudar os outros. Desenvolver uma consciência crítica é o primeiro passo para romper ciclos abusivos e criar relações saudáveis.

Resumo do Capítulo 2: O Impacto Invisível – Consequências Psicológicas

Neste capítulo, exploramos as consequências devastadoras da Síndrome do Pequeno Poder na saúde mental das vítimas, mostrando como a manipulação emocional se instala gradualmente. A metáfora do sapo fervido ilustra como a vítima é presa em ciclos abusivos sem perceber o perigo a tempo.

Também discutimos o impacto emocional em pessoas com TDAH e traumas de rejeição, revelando como essas condições tornam as vítimas ainda mais vulneráveis. Exemplos práticos, como o gaslighting e agressões emocionais disfarçadas, mostram como o abuso pode ser deliberado e insidioso.

O capítulo alerta sobre os perigos do autoquestionamento e da culpa injustificada, que impedem as vítimas de reconhecerem o abuso e buscarem ajuda. A manipulação emocional pode se estender a instituições, criando ambientes tóxicos onde abusos e opressões são normalizados.

Conclusão: Este capítulo oferece uma visão clara e abrangente das consequências psicológicas da Síndrome do Pequeno Poder, destacando a importância de reconhecer os sinais e buscar ajuda. O primeiro passo para a recuperação é identificar padrões abusivos e romper com essas dinâmicas, abrindo caminho para uma vida mais saudável e livre das amarras emocionais.

CAPÍTULO 3

Você deve desconfiar de tudo

O Impacto do Ataque e a Repetição Mental

Seis dias se passaram desde o ataque, e cinco noites de insônia me atormentam. Como mencionei anteriormente, pessoas com TDAH possuem a tendência de repetir incessantemente os mesmos pensamentos. Diante da sensação de perda de controle causada pelo ataque, usei essas repetições como uma estratégia para compreender quais ações desencadearam — e continuam a desencadear — as sensações indesejadas.

Esse processo não foi nada fácil. Exigiu uma investigação cuidadosa de cada ação aparentemente legítima que, quando analisada em contexto, revelava-se como manipulação estratégica.

A Ausência de Elogios e a Desmotivação Acadêmica

Durante essa análise, percebi um padrão claro: a ausência de elogios no ambiente acadêmico. Quando levantei essa questão, a resposta do professor foi categórica: *"Vocês têm ideia de quantas vezes recebi elogios? Nunca."*

Essa declaração revela uma dinâmica preocupante. A ênfase excessiva nos erros dos alunos, sem qualquer reconhecimento positivo, pode ter consequências sérias no desenvolvimento emocional e no desempenho escolar.

A Importância do Elogio e Incentivo na Educação: Lidando com a Ênfase nos Defeitos

A ausência de elogios e a constante crítica podem impactar profundamente a saúde mental dos alunos. Abaixo estão algumas consequências psicológicas comuns:

1. **Baixa Autoestima:** A constante ênfase nos defeitos mina a confiança dos alunos em si mesmos.

2. **Ansiedade:** O medo de errar e ser criticado gera apreensão em relação às aulas.

3. **Falta de Confiança:** Sem incentivos, os alunos podem evitar desafios.

4. **Desmotivação:** A falta de reconhecimento pode levar os estudantes a questionarem por que se esforçar.

5. **Autoimagem Negativa:** A constante crítica pode levar os alunos a se verem como incapazes.

6. **Medo do Fracasso:** O receio de falhar pode impedir os alunos de tentar.

7. **Estresse:** A preocupação com a crítica pode afetar a saúde mental.

8. **Redução do Potencial de Aprendizado:** O foco excessivo nos erros pode limitar a motivação para aprender.

9. **Relutância em Participar:** Alunos sem elogios podem evitar interações na aula.

10. **Falta de Resiliência:** A ausência de apoio prejudica a capacidade de enfrentar contratempos.

O incentivo e o reconhecimento são essenciais para promover um ambiente de aprendizado saudável e engajado. Vítimas de ambientes opressivos devem buscar apoio acadêmico e psicológico para restaurar sua autoestima e confiança.

Avaliações Negativas Injustas e Suas Consequências

Outro padrão alarmante que identifiquei foi a discrepância ente tarefas bem executadas e avaliações injustamente negativas.

Em uma situação, observei como a crítica injusta provocou uma resposta imediata no aluno: irritação, estresse e angústia, deixando claro que a avaliação não era apenas injusta, mas feita de má fé.

O Impacto Psicológico de Avaliações Injustas

Ser alvo de avaliações injustas pode ter consequências emocionais profundas. Veja os efeitos mais comuns:

1. **Raiva e Frustração:** Avaliações injustas provocam indignação.

2. **Baixa Autoestima:** A pessoa começa a duvidar de suas capacidades.

3. **Estresse e Ansiedade:** O receio de avaliações injustas aumenta o estresse.

4. **Sentimento de Injustiça**: A percepção de tratamento desonesto é devastadora.

5. **Impacto na Autoimagem:** A injustiça pode distorcer a forma como a pessoa se vê.

6. **Desmotivação:** O esforço contínuo sem reconhecimento leva à desistência.

7. **Relutância em Buscar Feedback:** O medo de novas injustiças desencoraja.

8. **Isolamento Social:** A vítima pode se afastar dos outros por se sentir injustiçada.

9. **Queda no Desempenho:** O sofrimento emocional afeta a produtividade.

10. **Depressão:** Avaliações injustas prolongadas podem resultar em depressão.

O apoio emocional é essencial para enfrentar esse tipo de situação. Buscar aconselhamento e exigir justiça são passos fundamentais para evitar que essas experiências se repitam.

Impacto Psicológico de Ter a Palavra Cortada

Perder a conta de quantas vezes fui interrompido foi um dos momentos mais reveladores. Cada interrupção minava minha confiança e restringia minha capacidade de me expressar.

Efeitos Psicológicos da Interrupção Constante:

1. **Frustração e Humilhação:** O aluno sente-se desrespeitado e envergonhado.

2. **Silenciamento:** A interrupção contínua reduz a participação futura.

3. **Ansiedade Social:** O medo de ser interrompido gera apreensão.

4. **Comunicação Prejudicada:** As ideias ficam fragmentadas e incompletas.

5. **Sentimento de Injustiça:** A desigualdade na comunicação afeta a percepção de equidade.

6. **Dificuldade de Concentração:** O medo de interrupções prejudica o foco.

7. **Isolamento Social:** O aluno pode evitar interações para não ser interrompido.

8. **Receio de Contribuir:** A vítima evita participar por medo de ser cortada.

9. **Perda de Oportunidades:** A falta de engajamento limita o aprendizado.

10. **Impacto na Autoconfiança:** A repetição de interrupções reduz a confiança ao falar em público.

É de extrema importância a conscientização sobre as implicações psicológicas dessas circunstâncias, além de buscar estratégias para enfrentá-las de maneira eficaz.

É fundamental que as pessoas se empenhem na promoção de um ambiente respeitoso, incentivando a participação ativa de todos os envolvidos. Além disso, as vítimas podem procurar apoio de profissionais, como conselheiros ou terapeutas, para desenvolver habilidades de enfrentamento e lidar com o impacto emocional.

Professores que Monopolizam o Tempo com Histórias Pessoais

Quando um professor monopoliza o tempo falando sobre si próprio, a aula se transforma em uma experiência frustrante para os alunos.

Impactos Psicológicos de Professores Egocêntricos

Ter um professor que monopoliza o tempo falando sobre si próprio pode ter diversos impactos psicológicos nos alunos. Essas situações podem ser desafiadoras e afetar o ambiente de aprendizado. Alguns dos possíveis impactos incluem:

1. **Desinteresse:** Os alunos perdem o interesse nas aulas.

2. **Frustração:** A repetição constante cansa e irrita.

3. **Desconexão:** O foco excessivo no professor prejudica o aprendizado.

4. **Perda de Tempo:** O conteúdo relevante é deixado de lado.

5. **Sentimento de Irrelevância:** Os alunos se sentem desvalorizados.

6. **Falta de Participação:** A monotonia desestimula o engajamento.

7. **Dificuldade de Aprendizado:** O tempo mal utilizado afeta a compreensão.

8. **Falta de Respeito:** Os alunos podem perder o respeito pelo professor.

9. **Apatia:** A exaustão leva à desmotivação.

10. **Desenvolvimento Limitado:** A falta de conteúdo prejudica o aprendizado significativo.

É fundamental abordar essa situação de forma construtiva. Os estudantes podem explorar maneiras de comunicar suas preocupações ao corpo docente ou à administração da instituição de ensino.

Os professores podem ser sensibilizados para a importância de equilibrar sua experiência pessoal com o conteúdo curricular e o desenvolvimento dos alunos.

O objetivo principal deve ser a criação de um ambiente de aprendizado que priorize o crescimento e o desenvolvimento dos estudantes, em detrimento das experiências pessoais do professor ou de qualquer outra pessoa.

A Deliberada Ignorância como Ferramenta de Controle

A utilização de gatilhos mentais e comportamentos sádicos atinge níveis impressionantes quando se trata de um indivíduo com a síndrome do pequeno poder.

Essa perversão é tão intensa que o encontro casual de duas pessoas, como o ato simples de dar um cumprimento matinal, pode se tornar um gatilho mental avassalador para alguém que já carrega o trauma da rejeição.

O agravante é que é possível encontrar um segundo gatilho mental, decorrente da ausência desse cumprimento. Tudo depende da maneira como o agressor conduz a situação. Às vezes, basta uma postura corporal que claramente indica que a pessoa está sendo ignorado. Isso por si só pode desencadear consequências psicológicas negativas aterrorizantes.

Aprofundando nossa compreensão sobre esses gatilhos mentais, é crucial perceber que estamos lidando com as devastadoras repercussões psicológicas que surgem do silêncio e da negligência deliberada. O poder da mente e das emoções é evidente quando somos confrontados com a manifestação desse tipo de comportamento, que vai além da simples falta de educação, deixando cicatrizes profundas na psique da pessoa com trauma de rejeição. Alguns dos possíveis impactos incluem:

1. **Baixa Autoestima**: O aluno pode experimentar uma diminuição significativa na autoestima devido à constante rejeição por parte do professor. Sentir que é o único ignorado pode fazê-lo questionar seu próprio valor e autoimagem.

2. **Isolamento Social**: O aluno, ao perceber que está sendo intencionalmente deixado de fora, pode sentir-se excluído e, consequentemente, optar por se isolar dos colegas. Isso decorre da possível crença de que não é merecedor de amizades ou de interações sociais.

3. **Ansiedade Social**: O medo de ser alvo de rejeição ou comentários negativos pode resultar em ansiedade social significativa, tornando as interações sociais difíceis e estressantes.

4. **Depressão**: A persistente sensação de ser constantemente ignorado e subestimado pode desencadear o surgimento da depressão, acompanhada de um profundo sentimento de melancolia, impotência e desesperança.

5. **Resistência à Aprendizagem**: O aluno pode perder o interesse pelo processo de aprendizado e se tornar resistente a participar ativamente das aulas, afetando seu desempenho acadêmico.

6. **Desconfiança em Figuras de Autoridade**: Ser alvo de tratamento injusto por um professor pode resultar na criação de desconfiança em relação a figuras de autoridade, impactando assim o relacionamento do aluno com educadores em sua trajetória futura.

7. **Reforço do Trauma de Rejeição**: O modo como o professor age pode agravar e aprofundar o trauma de rejeição que o aluno já experimenta, tornando-o mais desafiador de superar.

8. **Sentimento de Injustiça**: Quando um aluno se vê sujeito a um tratamento desigual em relação aos seus colegas, isso pode gerar nele um profundo senso de injustiça. Esse sentimento pode influenciar a sua visão sobre equidade e justiça na sociedade.

9. **Impacto nas Relações Interpessoais Futuras**: A experiência de rejeição e tratamento injusto por parte do professor pode deixar marcas duradouras nas relações interpessoais do aluno, tornando-o mais hesitante em confiar em outras pessoas no futuro.

10. **Piora do Desempenho Acadêmico**: O aluno pode se concentrar menos nos estudos devido ao estresse e ao sofrimento emocional, resultando em uma queda no desempenho acadêmico.

As pessoas que enfrentam situações de tratamento injusto devem ser apoiadas e orientadas a buscar ajuda de profissionais de saúde mental, se necessário, para lidar com as consequências psicológicas desse tipo de experiência.

O Micro Sequestro: Um Olhar sobre o Controle do Tempo na Educação

Por muito tempo, questionei as razões pelas quais esse professor mantinha sistematicamente os alunos presos na sala de aula por cerca de 7 a 8 minutos após o término da aula. Muitas vezes, parecia claro que ele o fazia de forma intencional. Isso levanta a questão: qual é a intenção por trás desse comportamento?

Em termos técnicos, esse comportamento de reter os alunos cria uma sensação de impotência, uma vez que eles não podem sair sem a autorização do professor. Isso gradualmente aumenta o nível de estresse e angústia, especialmente quando os alunos provavelmente têm outros compromissos após a aula.

Além disso, o estresse e a angústia aumentam à medida que os outros alunos percebem que estão perdendo tempo de suas próprias aulas.

A falta de controle sobre o próprio tempo e a sensação de falta de liberdade até que o professor decida liberá-los podem desencadear diversas consequências psicológicas, que variam de pessoa para pessoa. Algumas dessas possíveis repercussões incluem:

1. **Ansiedade:** A incerteza sobre quando serão liberados pode gerar ansiedade, criando uma sensação constante de tensão.

2. **Frustração:** A ausência de autonomia sobre o próprio tempo frequentemente resulta em sentimento de frustração, deixando os estudantes com uma sensação de impotência diante da situação, sobretudo quando têm obrigações significativas agendadas após a aula.

3. **Perda de Produtividade:** A sensação de estar retido pode levar à procrastinação e à redução da eficiência, tornando desafiador o aproveitamento eficaz do tempo disponível.

4. **Estresse:** À medida que o horário de liberação se aproxima, o estresse pode aumentar, com os alunos se sentindo pressionados para concluir tarefas ou chegar a compromissos pontualmente.

5. **Sentimento de Desvalorização:** Se essa falta de controle for recorrente, os alunos podem começar a se sentir desvalorizados e não respeitados, o que pode abalar sua autoestima.

6. **Sensação de Impotência:** A recorrência desse cenário pode resultar em uma sensação de desamparo, levando os alunos a perceberem que não têm influência sobre seus destinos.**Problemas de Concentração:** A preocupação constante com o tempo e o horário de liberação pode prejudicar a concentração nas atividades atuais, afetando o desempenho acadêmico ou profissional.

8. **Relutância em Compromissos Futuros:** A incerteza sobre o momento da liberação pode levar à hesitação em assumir compromissos futuros, já que os alunos não sabem quanto tempo terão disponível.

9. **Isolamento Social:** Caso essa circunstância ocorra em um contexto social, como uma sala de aula, os estudantes podem se sentir relutantes em participar de interações sociais, experimentando desconforto ao se envolver em conversas com colegas enquanto aguardam sua liberação.

10. **Reações de Estresse Pós-Traumático:** Em situações extremas, a repetição de experiências nas quais a pessoa se sente sem controle sobre o seu tempo e limitada em suas ações pode resultar em sintomas semelhantes ao estresse pós-traumático, especialmente quando essas experiências estão associadas a eventos traumáticos do passado.

É imperativo reconhecer a importância do controle sobre nosso próprio tempo e da necessidade de estabelecer comunicação com as autoridades apropriadas, no caso de tal situação se repetir e causar um impacto significativo no bem-estar psicológico das pessoas envolvidas.

Os exemplos previamente mencionados representam apenas algumas das táticas que um indivíduo com a síndrome do pequeno poder pode empregar. Essas estratégias não se limitam à atuação individual, mas também podem ser aplicadas em contextos de grupo e encontradas em diversas situações, incluindo aquelas que ocorrem no ambiente doméstico.

Conclusão: Identificando e Superando Ciclos de Manipulação

Este capítulo demonstra como pequenas ações cotidianas podem ser usadas como armas psicológicas por alguém com a Síndrome do Pequeno Poder. A manipulação emocional e o controle sutil podem causar impactos devastadores na saúde mental e motivação pessoal.

O reconhecimento desses sinais é essencial para interromper o ciclo de abuso. Mesmo ações aparentemente inofensivas podem ser o início de um ciclo de sofrimento. O primeiro passo para superá-las é identificar esses padrões e buscar apoio para se libertar.

Resumo do Capítulo 3: Você Deve Desconfiar de Tudo

Este capítulo explora como ações comuns podem se tornar ferramentas de manipulação emocional nas mãos de indivíduos com a Síndrome do Pequeno Poder. A falta de elogios, avaliações injustas e interrupções constantes geram desgaste emocional e baixa autoestima, prejudicando a saúde mental das vítimas.

O capítulo também aborda o impacto de professores egocêntricos e o uso de controle sutil do tempo para minar a confiança e aumentar o estresse. A mensagem central é clara: mesmo pequenas atitudes podem desencadear grandes consequências. Identificar esses padrões é essencial para romper o ciclo de abuso e proteger-se contra manipulações futuras.

CAPÍTULO 4

Um Crime Contra os Direitos Humanos

A Síndrome do Pequeno Poder: Um Crime Contra os Direitos Humanos

A Síndrome do Pequeno Poder é uma forma maquiavélica de controle emocional, operando de maneira sutil e difícil de identificar. Seus métodos transformam ações cotidianas e palavras em gatilhos mentais, que começam pequenos e evoluem para formas mais intensas de tortura emocional, conforme descrito na "síndrome do sapo fervido." O agressor aproveita essa escalada para normalizar o sofrimento, até que a vítima aceite o abuso como parte de sua rotina.

A Insidiosidade da Dor: A Manipulação Oculta

Recentemente, em uma experiência na academia, percebi como essa manipulação pode ser sutil. Ao entrar no ambiente, fui ignorado pelo agressor, que, minutos depois, demonstrou entusiasmo com a chegada de outra pessoa. Esse comportamento, aparentemente trivial, revela a perversidade da síndrome. Pequenas omissões são deliberadamente planejadas para gerar impacto emocional.

O Peso da Rejeição para Pessoas com TDAH e Trauma de Rejeição

Quando uma pessoa com **trauma de rejeição desde a infância e TDAH** é explicitamente rejeitada, as consequências psicológicas podem ser devastadoras:

1. **Abalo da Autoestima:** A rejeição corrói ainda mais a autoestima, levando a dúvidas sobre o próprio valor.

2. **Ansiedade e Depressão:** O estresse emocional intensifica-se, gerando desesperança.

3. **Isolamento Social e Dificuldade de Concentração:** A rejeição agrava o isolamento social e prejudica o foco.

4. **Sintomas de TDAH Agravados:** O estresse piora a gestão dos sintomas do TDAH.

5. **Comportamentos de Evitação e Necessidade de Aprovação:** A pessoa evita situações e busca aprovação para minimizar a rejeição.

6. **Sensibilidade Amplificada à Rejeição:** Pequenas críticas tornam-se avassaladoras.

É fundamental lembrar que as respostas à rejeição variam de pessoa para pessoa. Em situações desafiadoras como essa, buscar apoio profissional, como terapia, é crucial para lidar com o impacto emocional da rejeição e desenvolver estratégias de enfrentamento.

Se o agressor está ciente do trauma da vítima, essa informação é explorada de forma calculada, com o objetivo de maximizar o sofrimento emocional.

A Sutil Destruição por Gatilhos Mentais

Os **gatilhos mentais projetados pelos agressores** são invisíveis, mas geram emoções intensas e dolorosas:

- **Sadismo nas Pequenas Ações:** Até um gesto simples, como levantar o braço para saudar, pode se transformar em um ato manipulativo.

- **Impacto na Vida Cotidiana:** O uso repetido desses gatilhos mina a estabilidade emocional, tornando a rotina da vítima insuportável.

A sensação de impotência é agravada pelo fato de que as ações do agressor são invisíveis aos olhos dos outros, dificultando que a vítima busque ajuda.

Impotência e Isolamento: As Consequências Psicológicas do Ataque Silencioso

Essas ações quase imperceptíveis tornam improvável que terceiros reconheçam o que está acontecendo. Essa invisibilidade foi uma das razões que me levaram a escrever este livro.

Consequências Psicológicas da Impotência

- **Isolamento Emocional:** A impossibilidade de pedir ajuda leva ao isolamento e ao estresse elevado.

- **Piora da Saúde Mental:** A falta de apoio agrava problemas emocionais, alimentando um ciclo prejudicial.

- **Baixa Autoestima e Isolamento Social:** A vítima perde confiança e se afasta de outras pessoas.

- **Dificuldade em Pedir Ajuda:** Pedir ajuda não é sinal de fraqueza, mas um passo corajoso em direção ao bem-estar.

Conclusão: Rompendo o Ciclo do Sofrimento

O reconhecimento desses padrões de abuso é essencial para interromper o ciclo e buscar ajuda. Este livro oferece um caminho para entender e desarmar essas dinâmicas, promovendo a cura e a superação.

Síndrome do Sapo Fervido: Quando a Prisão Psicológica se Torna Invisível

A metáfora do sapo fervido ilustra como mudanças graduais levam a pessoa a aceitar abusos severos sem perceber o perigo a tempo. Assim como o sapo não nota o aquecimento da água, a vítima se adapta ao sofrimento.

Consequências Psicológicas da Síndrome do Sapo Fervido

1. **O Desgaste Gradual**

   a. Ansiedade constante

   b. Depressão persistente

   c. Estresse crônico que afeta a saúde

2. **Autoestima Abalada e Isolamento Social:**

   a. O agressor corrói a autoestima ao longo do tempo

   b. O isolamento social prejudica as relações interpessoais

3. **Dificuldades nas Relações Interpessoais:**

- A capacidade de manter vínculos saudáveis é comprometida.

Essa síndrome é ainda mais devastadora para pessoas com traumas de infância, como rejeição. A combinação entre o trauma e a manipulação contínua pode criar uma prisão psicológica da qual é difícil escapar:

Resumo do Capítulo 4

Este capítulo demonstra como a Síndrome do Pequeno Poder pode ser considerada um crime contra os direitos humanos. A manipulação calculada e o uso de gatilhos mentais geram impactos devastadores, especialmente para pessoas vulneráveis, como aquelas com TDAH e traumas de rejeição.

A metáfora do sapo fervido ilustra como pequenos abusos acumulados ao longo do tempo aprisionam a vítima em um ciclo de sofrimento silencioso. A incapacidade de pedir ajuda e o agravamento do impacto emocional reforçam a necessidade urgente de intervenção.

Este capítulo serve como um alerta para reconhecer e resistir a essas dinâmicas antes que se tornem insuportáveis, promovendo a busca por ajuda profissional e a construção de um caminho para a liberdade emocional.

CAPÍTULO 5

A História de Uma Vítima

Síndrome do Sapo Fervido: O Processo Gradual de Submissão

A **Síndrome do Sapo Fervido** é uma metáfora poderosa que descreve como as vítimas se adaptam lentamente a situações abusivas ou adversas, sem perceber o grau de deterioração da situação até ser tarde demais. Essa adaptação se manifesta de várias formas:

1. **Adaptação Gradual:** Pequenos comportamentos abusivos são introduzidos aos poucos e acabam passando despercebidos.

2. **Dessensibilização:** A vítima se acostuma com o abuso e o justifica como inevitável.

3. **Medo das Consequências:** O receio de retaliação faz com que a vítima tolere o abuso como forma de autopreservação.

Consequências do Trauma de Infância:

Traumas de infância, como abandono ou negligência, moldam a forma como a pessoa reage a relacionamentos abusivos no futuro. As principais consequências incluem:

1. **Padrões Distorcidos de Relacionamento:** A vítima tem dificuldade em identificar sinais de abuso, acreditando que são normais.

2. **Baixa Autoestima:** Acreditando que não merece ser bem tratada, a vítima se submete a maus-tratos.

3. **Necessidade Excessiva de Aceitação:** A busca constante por aprovação leva a tolerar abusos em troca de afeto.

Em resumo, tanto a Síndrome do Sapo Fervido quanto as consequências de um trauma de infância podem criar um ambiente propício para a tolerância a tratamentos abusivos.

A Adaptação aos Comportamentos Abusivos

Com o tempo, a vítima se acostuma aos comportamentos abusivos, tornando difícil reconhecê-los como anormais:

1. **Tolerância aos maus-tratos.**

2. **Dificuldade em buscar ajuda**, pois o abuso é internalizado como parte da rotina.

Sentimento de Impotência e Suas Consequências

A sensação de impotência gera várias reações emocionais e comportamentais:

1. **Ansiedade constante:** A falta de controle alimenta preocupações crônicas.

2. **Depressão persistente:** A sensação de não poder mudar a situação leva ao desânimo.

3. **Baixa autoestima**: A pessoa se sente inadequada e sem valor.

4. **Raiva e frustração:** A frustração por não conseguir alterar as circunstâncias pode acumular raiva.

5. **Desamparo aprendido:** A crença de que nada pode ser feito gera apatia e desmotivação.

6. **Isolamento social:** A vítima se afasta de amigos e familiares, agravando o isolamento.

7. **Pensamentos negativos e autocríticos:** A pessoa se culpa por sua situação e dúvida de suas habilidades.

8. **Problemas de sono:** A ansiedade constante prejudica o descanso.

9. **Comportamentos de evitação:** A vítima evita situações por medo do fracasso.

10. **Desmotivação:** A falta de esperança afeta a busca por novos objetivos.

Conclusão: Rompendo o Ciclo da Síndrome do Sapo Fervido

Compreender as nuances da **Síndrome do Sapo Fervido** é o primeiro passo para evitar que vítimas fiquem presas nessa armadilha psicológica. Ao **reconhecer os sinais e buscar apoio,** é possível romper o ciclo e se libertar de ambientes tóxicos.

Desvendando a Síndrome do Sapo Fervido: Os Complexos Gatilhos Mentais e as Estratégias de Abuso

Um gatilho mental, também conhecido como gatilho emocional, é um estímulo, palavra, imagem, situação ou evento que desencadeia uma resposta emocional, pensamento ou memória específica em uma pessoa. Essas respostas podem ser positivas, negativas ou neutras, e são geralmente influenciadas por experiências passadas, crenças, traumas, associações pessoais e condicionamento mental.

Gatilhos mentais têm um impacto significativo em nosso bem-estar emocional e comportamento. Eles podem desencadear uma série de reações, incluindo sentimentos de alegria, tristeza, medo, raiva, ansiedade, nostalgia, entre outros. Por exemplo, uma pessoa que teve uma experiência traumática com cães no passado pode experimentar ansiedade e medo sempre que vê um cachorro, mesmo que o animal em questão seja inofensivo.

Esses gatilhos podem ser conscientes ou inconscientes, e suas intensidades variam de pessoa para pessoa. Além disso, o mesmo estímulo pode funcionar de maneira diferente em pessoas diferentes, com base em suas experiências individuais e percepções.

O uso de gatilhos mentais por pessoas com a chamada "síndrome do pequeno poder" é uma estratégia que visa exercer controle, influência ou manipulação sobre outros indivíduos. Essa síndrome se caracteriza por um desejo de autoridade e controle, muitas vezes manifestado em contextos nos quais a pessoa detém algum grau de poder ou influência limitados, como em situações cotidianas, como no trabalho, em grupos sociais ou até mesmo em ambientes familiares.

Estratégias de Manipulação com Gatilhos Mentais

1. **Manipulação sutil:** Elogios falsos, críticas veladas e omissão de informações provocam reações emocionais.

2. **Autoridade limitada:** O agressor usa gatilhos para reforçar seu senso de poder em situações específicas.

3. **Construção de gatilhos personalizados:** O agressor utiliza informações pessoais para provocar reações específicas.

4. **Criação de dúvidas:** Gatilhos mentais fazem a vítima duvidar de si mesma e de sua sanidade.

5. **Sensação de superioridade:** A manipulação alimenta o ego do agressor.

6. **Dependência emocional:** A vítima se torna emocionalmente dependente do agressor, perpetuando o ciclo de abuso.

Essas estratégias de manipulação são prejudiciais e antiéticas, causando danos psicológicos como ansiedade, depressão e baixa autoestima.

A Síndrome do Sapo Fervido e Seus Gatilhos Mentais

Os gatilhos mentais criam uma armadilha emocional invisível:

1. **Negligência da própria segurança:** A vítima ignora sinais de perigo para manter uma estabilidade ilusória.

2. **Dificuldade em identificar o abuso:** A adaptação gradual dificulta o reconhecimento dos sinais.

3. **Culpa e vergonha:** A vítima se culpa pelo abuso e sente vergonha de buscar ajuda.

4. **Dependência emocional:** A ligação emocional com o agressor torna difícil romper o ciclo de abuso.

Conclusão: Rompendo o Ciclo da Síndrome do Sapo Fervido

Este capítulo demonstra como a manipulação psicológica aprisiona as vítimas em um ciclo invisível de abuso. A combinação entre traumas de infância e gatilhos mentais intensifica o sofrimento, dificultando a libertação da vítima.

Romper esse ciclo é essencial. Procurar apoio emocional e profissional é fundamental para restaurar a autoestima e reconstruir uma vida saudável. Este capítulo é um convite à conscientização, incentivando as vítimas a buscarem ajuda e superar o impacto emocional do abuso.

Resumo do Capítulo 5: A História de Uma Vítima

Este capítulo explora como a síndrome do sapo fervido e traumas de infância favorecem a adaptação ao abuso. A gradual normalização do sofrimento torna difícil para a vítima reconhecer a gravidade da situação.

Traumas de infância moldam padrões de relacionamento que levam à baixa autoestima e à necessidade excessiva de aprovação, resultando na tolerância a comportamentos abusivos.

O capítulo destaca como gatilhos mentais são usados para intensificar o controle emocional sobre a vítima, reforçando a dependência emocional e dificultando a libertação do ciclo de abuso.

A mensagem final é clara: reconhecer o abuso é o primeiro passo para romper o ciclo. Procurar apoio emocional e profissional é essencial para restaurar a autoestima e reconstruir uma vida saudável. A cura começa com a conscientização.

CAPÍTULO 6

A Busca pela Conscientização e Soluções

Estratégias Complexas de Abuso

Além das técnicas visíveis, existem estratégias de manipulação que envolvem sutilezas psicológicas e controle sobre o tempo.

1. **Rejeição e Micro Tortura:**

   O agressor usa pequenas doses de abuso repetido para desgastar a vítima ao longo do tempo. Essas micro agressões acumulam-se silenciosamente, aumentando o impacto emocional.

2. **O Poder da Palavra 'TAF' como Gatilho Mental:**

   A palavra "TAF" é um exemplo de como um termo pode se transformar em um **gatilho mental** capaz de provocar estresse e angústia. O teste torna-se uma fonte de ansiedade comparável às expectativas impostas a atletas de alto desempenho. As consequências psicológicas incluem:

- **Ansiedade de desempenho:** O medo de fracassar é constante.

- **Baixa autoestima:** A comparação com outros mina a confiança.

- **Desmotivação:** Quando a meta parece inatingível, a pessoa desiste antes de tentar.

- **Medo do fracasso:** Pode ocorrer autossabotagem.

- **Depressão e isolamento:** O estresse prolongado leva ao afastamento social.

A Manipulação Mental por Meio de Palavras e Ações

A manipulação nem sempre é explícita. Pequenos gestos, entonações ou palavras são usados para criar uma falsa sensação de segurança, apenas para que as informações compartilhadas sejam exploradas posteriormente. Frases como "Você ainda não passou o TAF" são aparentemente inofensivas, mas carregam uma intenção destrutiva ao relembrar fracassos e amplificar a impotência da vítima.

Variações e Tipos de Agressão na Síndrome do Pequeno Poder

Com base na convivência com essas dinâmicas abusivas, observei dois tipos principais de agressores:

1. **Visível:** Exibe comportamentos arrogantes e intencionais.

2. **Invisível:** Age nas sombras, esperando o momento certo para atacar.

Cada tipo pode ser classificado como agressivo ou passivo, totalizando quatro subtipos:

- Invisível passivo

- Invisível agressivo

- Visível passivo

- Visível agressivo

Uma forma de identificar um agressor invisível é observar se os resultados de suas ações não correspondem às expectativas.

Os Potencializadores do Comportamento Narcisista

Certos fatores intensificam o comportamento abusivo:

Multiplicidade de Poderes:

Indivíduos que acumulam títulos ou reconhecimentos podem desenvolver múltiplas síndromes, amplificando seu comportamento destrutivo.

Desejo de Vingança:

Traumas passados, como bullying, transformam o agressor em um vingador que usa sadismo como forma de retribuir o sofrimento.

Dupla Síndrome:

A combinação de poder e vingança resulta em uma configuração perigosa e difícil de ser combatida.

A Destruição Psicológica Desencadeada por Palavras: O Poder da Manipulação Mental

Frases como *"Você ainda não passou o TAF"* não são inofensivas. Elas são utilizadas como gatilhos mentais para despertar sentimento de impotência e sofrimento. O agressor conhecia profundamente minha condição e explorou cada detalhe:

1. Sabia que eu nunca havia passado no TAF.

2. Sabia da omissão de informações importantes.

3. Sabia das minhas limitações físicas e idade avançada.

4. Sabia que colegas haviam recebido benefícios sem passar pelo TAF.

Essas informações foram usadas de forma deliberada para maximizar o sofrimento. Esse ataque revelou não apenas a presença da Síndrome do Pequeno Poder, mas também dois tipos distintos de agressor:

- Agressor visível: Exibe arrogância e desprezo.

- Agressor invisível: Atua nas sombras, com um desejo de vingança alimentado por traumas passados.

Essa análise mostra que tanto a arrogância quanto o desejo de vingança são motores dessa síndrome, causando danos significativos às vítimas e aos próprios agressores.

Consequências Psicológicas de Agressões Repetitivas

A exposição contínua a agressões sutis causa impactos devastadores:

1. **Ansiedade e hiper vigilância:** A pessoa permanece em alerta constante.

2. **Baixa autoestima:** A autoconfiança é corroída.

3. **Depressão:** O ambiente tóxico gera desesperança.

4. **Desmotivação:** A vítima perde o interesse por seus objetivos.

5. **Isolamento social:** O medo de novas agressões leva ao afastamento.

É importante lembrar que o impacto psicológico pode variar de pessoa para pessoa, dependendo de sua resiliência e recursos pessoais. No entanto, buscar apoio psicológico, como terapia, pode ser fundamental para ajudar a lidar com os efeitos dessas agressões sutis e trabalhar na reconstrução da saúde mental e do bem-estar emocional.

Essas consequências são ainda mais graves em jovens. Quando minha filha passou por uma experiência semelhante aos 16 anos, minha maior preocupação era o impacto psicológico que isso deixaria em sua mente em desenvolvimento.

Durante todo o tempo que passei com ela, minha intenção era fortalecê-la, torná-la segura e prepará-la para enfrentar os desafios da vida. De repente, a possibilidade de alguém ter interferido em seus objetivos de maneira gratuita e sádica deixou-me verdadeiramente sem palavras. Essa experiência me fez refletir profundamente sobre o impacto dessas agressões psicológicas em indivíduos, especialmente em jovens em formação.

Receber uma série de agressões psicológicas homeopáticas ao longo de seis meses pode ter um impacto psicológico significativo em uma criança de 16 anos.

Embora as agressões sejam sutis e de baixa intensidade, sua persistência e repetição ao longo desse período podem causar diversos efeitos negativos, incluindo:

1. **Ansiedade**: A constante sensação de ser alvo de agressões, mesmo que sutis, pode levar a níveis elevados de ansiedade. A criança pode ficar constantemente preocupada com as interações sociais e se tornar hiper vigilante.

2. **Baixa Autoestima**: A repetição de agressões homeopáticas pode minar a autoestima da criança, levando-a a questionar sua própria autoimagem e valor. Ela pode começar a se sentir inadequada e não valorizada.

3. **Desconfiança**: A criança pode desenvolver uma desconfiança generalizada em relação aos outros, uma vez que passou por um período prolongado de agressões. Isso pode afetar suas relações interpessoais e sua capacidade de confiar nas pessoas.

4. **Isolamento Social**: O estresse causado por essas agressões pode levar a criança a se isolar socialmente. Ela pode evitar interações sociais para evitar confrontos e situações desconfortáveis.

5. **Problemas de Saúde Mental**: O impacto acumulado das agressões homeopáticas pode levar a problemas de saúde mental, como depressão, estresse crônico e até transtorno de estresse pós-traumático, especialmente se a criança já tiver algum histórico de vulnerabilidade psicológica.

6. **Problemas Acadêmicos**: A ansiedade e o estresse resultantes das agressões podem afetar o desempenho acadêmico da criança. Ela pode ter dificuldades em se concentrar, estudar e realizar tarefas escolares.

7. **Desmotivação**: A sensação de estar constantemente sob ataque pode levar a uma perda de motivação para alcançar objetivos e realizar atividades do dia a dia.

8. **Autoimagem Negativa**: A criança pode começar a ver a si mesma de maneira negativa, internalizando as mensagens sutis de desvalorização.

9. **Dificuldades de Confiança em Relacionamentos Futuros**: A experiência de agressões homeopáticas pode prejudicar a capacidade da criança de confiar em futuros relacionamentos, tornando-a mais cautelosa e reservada.

É importante notar que o impacto psicológico pode variar de pessoa para pessoa, dependendo de vários fatores, incluindo a resiliência individual da criança, o apoio social disponível e outros fatores contextuais. No entanto, é crucial reconhecer os efeitos potencialmente prejudiciais dessas agressões sutis e buscar apoio psicológico, quando necessário, para ajudar a criança a lidar com as consequências e se recuperar emocionalmente.

Conclusão

Compreender as nuances da Síndrome do Pequeno Poder é essencial para evitar que alguém se torne vítima dessa armadilha psicológica. Identificar os sinais precoces permite romper o ciclo e libertar as vítimas. O conhecimento é a maior defesa para criar ambientes mais saudáveis e seguros para todos.

Reflexão Final: A Síndrome do Pequeno Poder como Ameaça Coletiva

Esta obra revelou como a Síndrome do Pequeno Poder se infiltra nas relações e sistemas sociais, passando despercebida até que seus efeitos sejam devastadores. Pequenos gestos e palavras podem se tornar gatilhos mentais que minam a autoestima e ampliam a dependência emocional.

Sistemas sociais inteiros podem ser corrompidos por essa dinâmica, criando ambientes tóxicos e normalizando o abuso. Precisamos cultivar um olhar crítico para identificar e combater esses comportamentos nocivos.

No nível individual, é essencial validar o sofrimento e incentivar as vítimas a buscarem apoio. No nível coletivo, as instituições devem desenvolver políticas que promovam respeito e igualdade.

Romper o silêncio é o primeiro passo para a liberdade. Este livro é um chamado à ação: que inspire coragem para enfrentar o desconhecido e determinação para construir uma vida baseada no respeito e na empatia. Somente através do conhecimento podemos transformar experiências dolorosas em crescimento e libertação.

Nota do Autor:

É assustador pensar como algo aparentemente simples pode se transformar em um gatilho mental poderoso, levando à destruição psicológica. No entanto, acredito que podemos transformar nossas experiências em aprendizados e soluções. Este livro é um chamado à conscientização e à ação, para que possamos identificar esses padrões e evitar que continuem causando sofrimento em silêncio.

Agradecimento Pessoal

Espero que esta obra tenha sido, para você, mais do que uma leitura: uma jornada de conscientização, coragem e transformação. Compartilhar minha história não foi fácil — foi um ato de vulnerabilidade, mas também de força. Um grito contra o silêncio. Um convite para enxergar o invisível. E, sobretudo, uma homenagem a todas as vítimas ocultas da manipulação emocional e da síndrome do pequeno poder.

Minha trajetória foi marcada por agressões psicológicas que me conduziram à beira do abismo. Mas foi exatamente nesse limite que algo novo começou. A dor me empurrou a buscar respostas, a entender os mecanismos ocultos do comportamento humano — e, a partir disso, transformei sofrimento em consciência. O que era sombra virou aprendizado. O que era silêncio virou voz.

Se conhecer é um presente. E quando você muda, tudo ao seu redor também muda. Suas relações se tornam mais leves, suas escolhas mais lúcidas, sua vida mais verdadeira.

Quero te agradecer profundamente por ter lido até aqui. Obrigado por confiar em mim, por me acompanhar nesta travessia e, principalmente, por ter tido a coragem de olhar para dentro de si mesmo.

Se este livro te ajudou, se despertou algo importante ou trouxe uma nova perspectiva, eu te peço: deixe uma avaliação na Amazon. Seu comentário pode ser a faísca que desperta outras pessoas. Pode salvar alguém que, neste momento, ainda está preso nas redes silenciosas dessa síndrome.

Obrigado por estar aqui. Por se permitir. Por escolher viver de forma mais consciente.

Que essa nova fase seja marcada por descobertas transformadoras, relações genuínas e muita luz no seu caminho.

A sua nova vida começa agora.

Jean.

GLOSSÁRIO

Síndrome do Pequeno Poder

Refere-se a uma condição psicológica em que uma pessoa, ao obter uma pequena quantidade de autoridade ou poder, sente a necessidade de exercer controle e manipulação sobre os outros de maneira excessiva. Caracteriza-se por comportamentos de arrogância, manipulação emocional e abusos sutis de poder.

Síndrome do Sapo Fervido

Uma metáfora que descreve como as pessoas podem se acostumar gradualmente com situações abusivas ou prejudiciais, devido à sua intensificação lenta. Inspirado no experimento de colocar um sapo em água fria e aquecê-la gradualmente, de modo que ele não perceba o perigo até ser tarde demais.

Gatilhos Mentais

Estímulos específicos, sejam palavras, imagens, situações ou eventos, que desencadeiam uma resposta emocional ou memória. Esses gatilhos podem ser explorados de forma manipulativa para provocar reações específicas, especialmente em indivíduos vulneráveis.

Abuso Emocional e Psicológico

Um tipo de abuso que envolve manipulações e agressões sutis para controlar e prejudicar emocionalmente a vítima, sem necessariamente recorrer a agressões físicas. É comum em contextos de abuso de poder, onde o agressor manipula emoções e percepções para causar dano.

Trauma de Rejeição

Refere-se às consequências psicológicas e emocionais de experiências de abandono ou rejeição, especialmente quando vividas durante a infância. Indivíduos com esse tipo de trauma podem ser mais vulneráveis a abusos emocionais, desenvolvendo uma hipersensibilidade à rejeição e ao julgamento dos outros.

Gaslighting

Uma forma de manipulação psicológica na qual o agressor distorce a percepção da realidade da vítima, levando-a a questionar sua sanidade, memória ou julgamento. É uma técnica comum em dinâmicas abusivas, onde o agressor procura desestabilizar emocionalmente a vítima.

TDAH (Transtorno de Déficit de Atenção com Hiperatividade)

Uma condição neuropsicológica caracterizada por dificuldades em manter o foco, impulsividade e, em alguns casos, hiperatividade. Indivíduos com TDAH podem ser mais suscetíveis a padrões de pensamento repetitivo e a desenvolver reações mais intensas a abusos emocionais e gatilhos mentais.

Micro tortura

Termo usado para descrever uma forma de abuso emocional que ocorre de maneira contínua e em pequenas doses. Esses "micros ataques" são suficientemente sutis para parecerem inofensivos, mas repetidos ao longo do tempo causam um desgaste psicológico profundo.

Desamparo Aprendido

Um estado psicológico em que a pessoa, ao experimentar repetidamente situações de impotência, perde a motivação para reagir ou buscar soluções, acreditando que seus esforços são inúteis. É uma resposta comum em vítimas de abuso contínuo.

Autoimagem Negativa

A percepção distorcida que uma pessoa tem de si mesma, normalmente influenciada por experiências negativas e relacionamentos abusivos. Isso pode levar a uma baixa autoestima e dificultar o desenvolvimento de uma autoconfiança saudável.

Pressão de Performance

A ansiedade e o estresse associados ao medo de não alcançar padrões de desempenho, geralmente impostos por comparações injustas com outras pessoas. Em contextos de abuso, esses padrões de desempenho podem ser usados como ferramenta de manipulação para humilhar e controlar a vítima.

Dependência Emocional

Uma relação em que a vítima sente uma necessidade intensa de aprovação e validação do agressor, muitas vezes devido a manipulações e abusos emocionais contínuos. Esse ciclo de dependência torna mais difícil a libertação do relacionamento abusivo.

Síndrome de Narcisismo Patológico

Condição na qual o indivíduo exibe um senso exagerado de superioridade, necessidade de controle e uma falta de empatia. Em casos extremos, indivíduos com narcisismo patológico utilizam táticas de manipulação emocional para submeter e controlar as pessoas ao seu redor.

Sobre o Autor

Jean-Charles Watelet é um pensador franco-brasileiro cuja trajetória singular teve início com uma pergunta ousada e transformadora: *e se os mesmos princípios que regem a física também governassem o comportamento humano?*

Dessa intuição inaugural nasceu o Sistema Universal, uma teoria estrutural baseada no giro único de uma partícula — movimento primordial que o levou à hipótese de um possível "DNA do universo", matriz vibracional que interliga todas as formas de existência.

Autor de sete obras que transitam com fluidez entre ciência, filosofia, psicologia e espiritualidade, Watelet oferece ao leitor uma visão unificada da realidade — onde o visível e o invisível, o átomo e o cosmos, os dilemas pessoais e os grandes eventos da humanidade são engrenagens de uma mesma dança vibracional.

Entre seus títulos de maior impacto estão *O Sistema Universal*, As Leis do seu universo interior, A Essência da Vida, *Desvendando a Síndrome do Pequeno Poder, O Pequeno Poder Mata, Adolf: A Intenção* e *Hitler: O Armagedom*. Em cada uma dessas obras, ele articula análise psicológica profunda, consciência histórica aguçada e revelações provocadoras sobre as estruturas invisíveis que moldam nossas emoções, decisões e destinos.

Criador do método Melhore seus Relacionamentos, Jean-Charles traduz suas descobertas em ferramentas práticas de transformação pessoal. Sua obra de estreia, *As Leis do Seu Universo Interior*, lançada na Bienal Internacional do Livro de Maceió em 2017, foi o ponto de partida de uma jornada literária dedicada à expansão da consciência humana.

Atualmente radicado em uma charmosa cidade do Nordeste do Brasil, ele encontra inspiração na serenidade das paisagens e na profundidade simbólica da cultura local. É nesse ambiente fértil que continua suas pesquisas — com um propósito claro: revelar os códigos ocultos da existência e propor uma nova forma de compreender a vida, unindo o saber ancestral à investigação científica contemporânea.

Mais que autor, Watelet é um cartógrafo da consciência — alguém que convida o leitor a enxergar a vida sob um novo ângulo, onde entender é o primeiro passo para se libertar.

Obras Literárias de
Jean-Charles Watelet

O conjunto das obras de Jean-Charles é um recurso essencial para qualquer leitor interessado em aprofundar-se no entendimento do comportamento humano, da história, das dinâmicas de poder e manipulação, e das conexões cósmicas. Suas obras oferecem uma abordagem única que combina ciência, psicologia, filosofia e história, proporcionando uma leitura que informa, inspira e transforma.

O Sistema Universal

Explorando os fundamentos do cosmos, este livro conecta a ciência à introspecção, levando o leitor a descobrir seu papel na grande orquestra cósmica. Com uma abordagem inovadora, Jean-Charles combina raciocínio lógico e ciência para desvendar as conexões entre o microcosmo humano e o macrocosmo universal.

As Leis do Seu Universo Interior

Essa obra harmoniza ciência, psicologia e práticas de desenvolvimento pessoal, oferecendo um guia prático para compreender as leis que regem o comportamento humano. Ideal para quem busca crescimento pessoal e interações mais conscientes, é um recurso valioso para transformar perspectivas e melhorar as relações.

A Essência da Vida

Combinando ciência, comportamento humano e filosofia, *A Essência da Vida* investiga os padrões universais que moldam a existência. Jean-Charles Watelet explora a estrutura oculta que rege o universo e demonstra como esses princípios se refletem em nossa biologia, emoções e relações.

Partindo da equação fundamental do equilíbrio, o livro revela como as forças do cosmos influenciam nosso destino e como a compreensão desses padrões pode transformar nossa percepção sobre a vida. Uma jornada profunda rumo ao entendimento da interconexão entre o ser humano e o universo.

Desvendando a Síndrome do Pequeno Poder

Uma análise multifacetada sobre as dinâmicas de poder e manipulação que permeiam a vida cotidiana. Jean-Charles combina ciência, psicologia e experiências reais para criar uma narrativa impactante, fornecendo ferramentas para reconhecer e enfrentar essas dinâmicas de maneira eficaz.

O Pequeno Poder Mata

Neste livro, Jean-Charles Watelet mergulha nas dinâmicas ocultas do poder e da manipulação, revelando como pequenas doses de autoridade podem corromper indivíduos e sistemas inteiros.

Com uma abordagem analítica e psicológica, a obra disseca os padrões de comportamento que transformam líderes, gestores e até pessoas comuns em agentes de dominação e destruição. Ao expor os mecanismos invisíveis da síndrome do pequeno poder, o autor oferece ao leitor as ferramentas para reconhecer, resistir e se libertar dessas influências nocivas.

Adolf: A Intenção

Mais do que um relato histórico, esta obra é um estudo profundo sobre motivações humanas e suas consequências. Jean-Charles oferece uma narrativa envolvente e reflexiva, conectando os eventos históricos de Adolf Hitler às lições sobre empatia e responsabilidade. Um convite poderoso para refletir sobre as ações do passado e construir um futuro mais consciente.

Hitler: O Armagedom

Estruturado como uma peça de teatro, este livro explora como o conceito do Armagedom inspirou Adolf Hitler em sua orquestração apocalíptica. Jean-Charles revela os bastidores das intenções ocultas do regime nazista e o impacto devastador da manipulação em massa sobre a população alemã. Uma obra marcante que conecta história e simbolismo, levando o leitor a refletir sobre as dinâmicas do poder e suas implicações.

Uma Visão Transformadora

Com uma abordagem única e integradora, Jean-Charles Watelet combina ciência, filosofia, história e psicologia para oferecer reflexões profundas e inspiradoras. Suas obras convidam os leitores a explorar as forças que moldam a humanidade e o cosmos, promovendo empatia, autoconhecimento e transformação pessoal. Mais do que livros, são ferramentas para compreender o mundo e nosso papel nele.

www.ingramcontent.com/pod-product-compliance
Lightning Source LLC
Chambersburg PA
CBHW060944260726
48661CB00005B/1757